Yvonne Kopf

# Mathematik für hochbegabte Kinder

## Vertiefende Aufgaben für die 4. Klasse

## Kopiervorlagen mit Lösungen

Gedruckt auf umweltbewusst gefertigtem, chlorfrei gebleichtem
und alterungsbeständigem Papier.

1. Auflage 2010
Nach den seit 2006 amtlich gültigen Regelungen der Rechtschreibung
© by Brigg Pädagogik Verlag GmbH, Augsburg
Illustrationen: Inka Grebner

ISBN 978-3-87101-**649**-3                                    www.brigg-paedagogik.de

# Inhalt

# Vorwort

Liebe Kolleginnen, liebe Kollegen,

höchstwahrscheinlich werden alle Lehrkräfte im Laufe ihres Berufslebens mit Kindern konfrontiert, die im Unterricht unterfordert sind. Einige dieser Kinder sind hochbegabt. Von Hochbegabung spricht man ab einem IQ-Wert über 130. Doch auch Kinder, die einen überdurchschnittlichen IQ haben und diesen Grenzwert nicht überschreiten, können Probleme bekommen. Hochbegabte Kinder können so unterschiedlich sein wie nicht hochbegabte Kinder. Es sind weder alle kleine Genies, noch sind sie automatisch erfolgreich. Auch die Sozialkompetenz kann genauso unterschiedlich ausgeprägt sein wie bei nicht Hochbegabten.
Eine Hochbegabung bleibt oft unentdeckt und kann, wenn das Kind unterfordert ist, im ungünstigen Fall entweder in Richtung Depression oder Aggression führen. Manche dieser Kinder werden durch die Unterforderung und die daraus entstehende Langeweile stark verhaltensauffällig und stören den Unterricht, andere wiederum ziehen sich in sich zurück und nehmen nicht mehr am Unterricht teil. Doch nicht in allen Fällen ist ein Überspringen der Klasse angezeigt, um dem Leistungspotential des Kindes gerechter zu werden. Das kann zum einen daran liegen, dass eine partielle Hochbegabung vorliegt, d. h. das Kind ist z. B. nur in Mathematik unterfordert, zum anderen ist es möglich, dass die psychische Entwicklung des Kindes ein Verbleiben in der Klasse erfordert.

Was kann man also konkret tun, wenn man ein hochbegabtes oder unterfordertes Kind in der Klasse hat? Gibt man den unterforderten Kindern einfach nur weitere Arbeitsblätter zu den erledigten Themen oder den Auftrag „Erfinde eigene Aufgaben!", beginnen sie sich noch mehr zu langweilen. Oft werden solche Arbeitsaufträge als Strafe angesehen. „Jetzt bin ich schon so schnell und jetzt muss ich zur Strafe noch mehr machen!"
Da ich selbst in der Schule immer wieder mit hochbegabten Kindern konfrontiert bin, habe ich vertiefende Arbeitsblätter zur inneren Differenzierung in Mathematik zu allen Themen des 4. Schuljahres erstellt. So kann ich meinen unterforderten Kindern gerecht werden, sie entwickeln wieder Spaß an der Mathematik, weil sie sich nicht mehr langweilen. Einige Aufgaben sind bewusst als Partneraufgaben gewählt, um die Sozialkontakte aufrechtzuerhalten. Die Seiten sind gestalterisch bewusst eher schlicht gehalten, damit mehr Inhalt Platz findet. Außerdem wurde auf große und interessante Zahlen geachtet, denn diese sprechen die Kinder mehr an.

Die vorliegenden Arbeitsblätter erleichtern Ihren Alltag insofern, dass Sie den hochbegabten Kindern durch Differenzierung gerecht werden können und dennoch die Sicherheit haben, dass die Themen des 4. Schuljahres bearbeitet werden. Für Zwischendurch oder am Ende des Schuljahres finden Sie einige Projekte, die das Kind selbstständig bearbeiten kann. Die Lösungen stehen meist direkt bei den Aufgaben zur Selbstkontrolle, die übrigen finden Sie im Buch ab Seite 50. Bei offenen oder leichten Aufgaben habe ich auf die Angabe der Lösungen verzichtet. Literaturempfehlungen zum Thema „Hochbegabung" finden Sie auf Seite 57.

Ich wünsche Ihnen und den hochbegabten Kindern viel Freude mit den Arbeitsvorlagen, auch in der Hoffnung dadurch etwas mehr Verständnis für diese Kinder geweckt zu haben.

Herzliche Grüße
Yvonne Kopf

# Große Zahlen –
# Vorstellung und Darstellung

**Aufgabe 1:** *Schätze die Zahl zuerst, dann recherchiere und vergleiche!*

a) Anzahl der Schülerinnen und Schüler deiner Schule

geschätzt: _____    geprüft: _____

b) Anzahl der Einwohner in deiner Heimatstadt

geschätzt: _____    geprüft: _____

c) Anzahl der Einwohner in Deutschland

geschätzt: _____    geprüft: _____

d) Anzahl der Einwohner in Europa

geschätzt: _____    geprüft: _____

e) Anzahl der Einwohner in China und Russland

geschätzt China: _____    geprüft China: _____

geschätzt Russland: _____    geprüft Russland: _____

Was fällt dir auf, wenn du die Landfläche von China und Russland als Vergleich hinzuziehst?

_____

_____

**Aufgabe 2:** *Stelle durch Einfärben von Milimeterpapier folgende Zahlen dar!*

a) 25487          b) 11111          c) 98745          d) 55555

e) 64712          f) 71326          g) 10101          h) 21012

**Aufgabe 3:** *Was kostet ca. wie viel? Verbinde die Zahlen mit den Gegenständen!*

| Haus | Fahrrad | Neuwagen | Buch | Schokoladentafel |
|------|---------|----------|------|------------------|
| 25.000,00 € | 15,00 € | 250.000,00 € | 1,00 € | 300,00 € |

Yvonne Kopf: Mathematik für hochbegabte Kinder · 4. Klasse · Best.-Nr. 649
© Brigg Pädagogik Verlag GmbH, Augsburg

# Große Zahlen – Bündelung und Stellenwert

**Aufgabe 1:** *Lies die Zahlen laut vor und schreibe sie größer werdend auf!*

|    | HM | ZM | M | HT | ZT | T | H | Z | E |
|----|----|----|---|----|----|---|---|---|---|
| a) |    |    | 5 | 7  | 4  | 2 | 6 | 8 | 1 |
| b) | 4  | 8  | 6 | 3  | 9  | 8 | 8 | 7 | 5 |
| c) |    | 4  | 0 | 0  | 5  | 7 | 8 | 0 | 9 |
| d) | 9  | 9  | 9 | 9  | 9  | 9 | 9 | 9 | 9 |
| e) |    | 1  | 8 | 7  | 0  | 7 | 0 | 0 | 7 |
| f) |    | 5  | 7 | 1  | 5  | 0 | 1 | 1 | 0 |
| g) | 9  | 0  | 9 | 0  | 9  | 0 | 9 | 0 | 9 |
| h) |    |    | 8 | 7  | 6  | 5 | 4 | 3 | 2 |

_____

_____

_____

_____

**Aufgabe 2:** *Schreibe die Zahlen in die Stellenwerttabelle!*

a) zweihundertfünfundfünfzigmillionenneunhundertelftausendachtundzwanzig

b) einundneunzigmillionensiebenhunderttausendneunhundertneunundneunzig

c) siebenundsiebzigmillionensiebenhunderttausendsiebenundsiebzig

d) zweimillionenzweiundzwanzigtausendeinhundertunddrei

|    | HM | ZM | M | HT | ZT | T | H | Z | E |
|----|----|----|---|----|----|---|---|---|---|
| a) |    |    |   |    |    |   |   |   |   |
| b) |    |    |   |    |    |   |   |   |   |
| c) |    |    |   |    |    |   |   |   |   |
| d) |    |    |   |    |    |   |   |   |   |

**Aufgabe 3:** *Bilde alle möglichen vierstelligen Zahlen! Verwende jede Zahl nur einmal!*

**8   9   5   4**

_____

_____

Yvonne Kopf: Mathematik für hochbegabte Kinder · 4. Klasse · Best.-Nr. 649
© Brigg Pädagogik Verlag GmbH, Augsburg

# Große Zahlen – Zahlenfolgen

**Aufgabe 1:** *Fülle die Tabelle aus!*

| Vorgänger | Zahl | Nachfolger |
|-----------|------|------------|
| 3874 | | |
| | 62019873 | |
| | | 8765135 |
| | 999999 | |
| 5757575 | | |
| | | 1234567 |
| | 10101010 | |
| | | 987654321 |
| | 111111 | |
| 999999 | | |
| | | 4321234 |
| | 100000000 | |

**Aufgabe 2:** *Ordne nach der Größe mit dem Zeichen < !*

8654, 45633, 323232, 45632, 9877521, 7645, 333332

**Aufgabe 3:** *Ordne nach der Größe mit dem Zeichen > !*

11898, 10989, 43543, 77544, 11989, 99821, 76533, 98921, 42543, 10898

**Aufgabe 4:** *Finde die Nachbarzehner, Nachbarhunderter, Nachbartausender, Nachbarzehntausender, Nachbarhunderttausender und Nachbarmillionen und schreibe sie in dein Heft!*

Beispiel:

| | | |
|---|---|---|
| 1872340 | 1872345 | 1872350 |
| 1872300 | 1872345 | 1872400 |
| 1872000 | 1872345 | 1873000 |
| 1870000 | 1872345 | 1880000 |
| 1800000 | 1872345 | 1900000 |
| 1000000 | 1872345 | 2000000 |

a) 9872364      b) 1234567      c) 9876543

d) 2222222      e) 4987621      f) 7777777

# Textaufgaben

**Aufgabe 1:** *Markiere die wichtigen Informationen und/oder zeichne eine Skizze!*

a) Herr Kübel pflanzt eine Rosenhecke. Er ist ein guter Gärtner. Er lässt zwischen jeder Pflanze einen Abstand von 30 cm. Die Rosen sind dunkelrot. Am Ende ist die Hecke 3,60 m lang.

Frage: _____

Skizze:



Rechnung: _____

Antwort: _____

b) Ein Brett aus Buchenholz soll zersägt werden, sodass immer 15 cm lange Stücke entstehen. Das Brett ist hellbraun und stabil. Es ist insgesamt 2,40 m lang.

Frage: _____

Skizze:



Rechnung: _____

Antwort: _____

### Knobelaufgaben

1) Ergänze folgende Reihen, ohne M oder D einzusetzen:

    M D M D

2) Welcher Buchstabe kommt an die Stelle des Fragezeichens?

    J     F     M
    A    M    J
    J     A    S
    O   N   ?

3) Wie kann man einen runden Schokoladenkuchen durch drei gerade Schnitte in acht gleich große Teile zerschneiden?

Yvonne Kopf: Mathematik für hochbegabte Kinder · 4. Klasse · Best.-Nr. 649
© Brigg Pädagogik Verlag GmbH, Augsburg

# Geometrie – Körper und Netze 1

**Zeichnen**

**Aufgabe 1:** *Zeichne aus dem Kopf so viele verschiedene Würfelnetze wie du findest und male die Ecken, die zusammentreffen, in der gleichen Farbe an!*

**Aufgabe 2:** *Zeichne aus dem Kopf verschiedene Körpernetze und lasse andere raten, welcher Körper entsteht, wenn man das Netz zusammenfaltet!*

**Aufgabe 3:** *Zeichne das Netz einer Kugel!*

**Aufgabe 4:** *Zeichne das Netz eines Ovoids!*

**Aufgabe 5:** *Zeichne das Netz eines Ellipsoids!*

**Bauen**

**Aufgabe 1:** *Zeichne vier verschiedene Würfelnetze und male die Ecken, die zusammentreffen, in der gleichen Farbe an!*

**Aufgabe 2:** *Zeichne Körpernetze und lasse andere raten, welcher Körper entsteht, wenn man das Netz zusammenfaltet!*

**Aufgabe 3:** *Zeichne das Netz einer Kugel und falte es zusammen!*

**Aufgabe 4:** *Zeichne das Netz eines Ovoids und falte es zusammen!*

**Aufgabe 5:** *Zeichne das Netz eines Ellipsoids und falte es zusammen!*

**Aufgabe 6:** *Zeichne das Netz eines Würfels und falte es zusammen! Der Würfel hat eine Kantenlänge von 20 cm!*

Yvonne Kopf: Mathematik für hochbegabte Kinder · 4. Klasse · Best.-Nr. 649
© Brigg Pädagogik Verlag GmbH, Augsburg

Name | Klasse | Datum

# Geometrie –
# Körper und Netze 2

**Aufgabe 1:** *Untersuche in Gedanken die folgenden Körper und schreibe auswendig die Anzahl der einzelnen Merkmale auf!*

| Körper | Kanten | Ecken | Flächen |
|---|---|---|---|
| Würfel | | | |
| Quader | | | |
| vierseitige Pyramide | | | |
| dreiseitige Pyramide | | | |
| Kugel | | | |
| Zylinder | | | |
| Prisma | | | |
| Ellipsoid | | | |
| Ovoid | | | |

**Aufgabe 2:** *Lege mit Streichhölzern alle möglichen Körpernetze! Welcher Körper hat die meisten verschiedenen Netze?*

| Körper | Anzahl der Körpernetze |
|---|---|
| Würfel | |
| Quader | |
| vierseitige Pyramide | |
| dreiseitige Pyramide | |
| Kugel | |
| Zylinder | |
| Prisma | |
| Ellipsoid | |
| Ovoid | |

**Aufgabe 3:** *Stell dir vor, du würdest dieses Quadrat zerschneiden. Wie müsstest du schneiden, damit Folgendes dabei herauskommt:*

a) vier Quadrate
b) zwei Quadrate und ein Rechteck
c) zwei Dreiecke und ein Sechseck
d) vier Dreiecke
e) zwei Dreiecke und ein Rechteck

Es gibt noch mehr Möglichkeiten, probiere sie aus!

Yvonne Kopf: Mathematik für hochbegabte Kinder · 4. Klasse · Best.-Nr. 649
© Brigg Pädagogik Verlag GmbH, Augsburg

# Textaufgaben – rückwärts gedacht

**Aufgabe 1:** *Du siehst hier nur jeweils einen Hinweis und die Antwort, finde eine passende Frage und eine Rechnung!*

a) Hinweis: Der Hinweg dauert 12 min, sie war 2 h und 43 min im Schwimmbad.

Frage: _____

Rechnung: _____

Antwort: Sabine war insgesamt 3 h und 7 min von Zuhause weg.

b) Hinweis: Paul bekommt jede Woche 3 € Taschengeld.

Frage: _____

Rechnung: _____

Antwort: Nach sieben Monaten kann sich Paul die Inlineskates kaufen.

c) Hinweis: Jeder Stein ist 15 cm hoch.

Frage: _____

Rechnung: _____

Antwort: Der Turm wird insgesamt 24,60 m hoch.

d) Hinweis: Das Buch hat 1295 Seiten.

Frage: _____

Rechnung: _____

Antwort: Jonas liest jeden Tag 5 Seiten.

Yvonne Kopf: Mathematik für hochbegabte Kinder · 4. Klasse · Best.-Nr. 649
© Brigg Pädagogik Verlag GmbH, Augsburg

# Zahlenfolgen und Gleichungen

**Aufgabe 1:** *Untersuche die Zahlenfolgen! Welche Regel gibt es?*

a) 1, 1, 2, 3, 5, 8, 13, …

b) 4, 4, 8, 12, 20, …

c) 5, 5, 10, 15, 25, …

d) 20, 20, 40, 60, …

**Aufgabe 2:** *Recherchiere, wie diese Zahlenfolgen heißen und warum!*

_____

_____

_____

**Aufgabe 3:** *Welches Symbol steht für welche Zahl?*

a) $\square - \triangle = 5$      $\square =$ _____

    $19 - \square = \triangle$      $\triangle =$ _____

b) $\square : 5 = \triangle$      $\square =$ _____

    $\triangle + 12 = \square$      $\triangle =$ _____

**Aufgabe 4:** *Erfinde eigene Gleichungen. Du kannst auch andere Symbole verwenden!*
*Tipp:* Schreibe die Gleichungen erst mit Zahlen auf und ersetze sie dann durch Symbole!

_____      _____

_____      _____

_____      _____

_____      _____

Yvonne Kopf: Mathematik für hochbegabte Kinder · 4. Klasse · Best.-Nr. 649
© Brigg Pädagogik Verlag GmbH, Augsburg

# Schriftliche Multiplikation 1

**Aufgabe 1:** *Rechne so schnell du kannst, stoppe die Zeit und kontrolliere dich selbst!*

50000 • 4 = _____
Quersumme 2

1000 • 9 = _____
Quersumme 9

70000 • 8 = _____
Quersumme 11

2000 • 7 = _____
Quersumme 5

40000 • 6 = _____
Quersumme 6

6000 • 9 = _____
Quersumme 9

50000 • 6 = _____
Quersumme 3

40000 • 7 = _____
Quersumme 10

9000 • 4 = _____
Quersumme 9

90000 • 7 = _____
Quersumme 9

80000 • 8 = _____
Quersumme 10

9000 • 8 = _____
Quersumme 9

90000 • 5 = _____
Quersumme 9

80000 • 3 = _____
Quersumme 6

8000 • 2 = _____
Quersumme 7

30000 • 4 = _____
Quersumme 3

7000 • 4 = _____
Quersumme 10

30000 • 6 = _____
Quersumme 9

4000 • 8 = _____
Quersumme 5

2000 • 8 = _____
Quersumme 7

30000 • 7 = _____
Quersumme 3

6000 • 6 = _____
Quersumme 9

70000 • 7 = _____
Quersumme 13

40000 • 5 = _____
Quersumme 2

gestoppte Zeit

Für die ganze Seite habe ich _____ Zeit gebraucht.

Yvonne Kopf: Mathematik für hochbegabte Kinder · 4. Klasse · Best.-Nr. 649
© Brigg Pädagogik Verlag GmbH, Augsburg

Name          Klasse          Datum

 # Schriftliche Multiplikation 2

**Aufgabe 1:** *Rechne zuerst im Kopf den Überschlag mit gerundeten Zahlen.*
*Dann rechne so schnell du kannst, stoppe die Zeit und kontrolliere dich selbst!*

552 • 8 = _____
Quersumme 15

514 • 7 = _____
Quersumme 25

991 • 4 = _____
Quersumme 22

256 • 5 = _____
Quersumme 11

251 • 4 = _____
Quersumme 5

954 • 3 = _____
Quersumme 18

654 • 7 = _____
Quersumme 24

294 • 5 = _____
Quersumme 12

665 • 8 = _____
Quersumme 10

983 • 8 = _____
Quersumme 25

594 • 9 = _____
Quersumme 18

693 • 9 = _____
Quersumme 18

268 • 6 = _____
Quersumme 15

606 • 5 = _____
Quersumme 6

560 • 3 = _____
Quersumme 15

630 • 5 = _____
Quersumme 9

508 • 8 = _____
Quersumme 14

384 • 8 = _____
Quersumme 12

913 • 5 = _____
Quersumme 20

218 • 9 = _____
Quersumme 18

421 • 8 = _____
Quersumme 20

516 • 5 = _____
Quersumme 15

161 • 8 = _____
Quersumme 19

461 • 8 = _____
Quersumme 25

Für die ganze Seite habe ich  Zeit gebraucht.

gestoppte Zeit

Yvonne Kopf: Mathematik für hochbegabte Kinder · 4. Klasse · Best.-Nr. 649
© Brigg Pädagogik Verlag GmbH, Augsburg

# Schriftliche
# Multiplikation 3

**Aufgabe 1:** *Rechne so schnell du kannst, stoppe die Zeit und kontrolliere dich selbst!*

130787 • 8 = _____
Quersumme 28

213730 • 7 = _____
Quersumme 22

728254 • 8 = _____
Quersumme 26

948158 • 6 = _____
Quersumme 48

983780 • 7 = _____
Quersumme 38

515841 • 9 = _____
Quersumme 36

744600 • 7 = _____
Quersumme 12

374716 • 3 = _____
Quersumme 21

427404 • 5 = _____
Quersumme 15

591376 • 6 = _____
Quersumme 33

598176 • 4 = _____
Quersumme 27

714681 • 3 = _____
Quersumme 18

371498 • 8 = _____
Quersumme 40

312277 • 5 = _____
Quersumme 29

433338 • 9 = _____
Quersumme 18

794983 • 6 = _____
Quersumme 51

545152 • 6 = _____
Quersumme 24

235947 • 7 = _____
Quersumme 30

698757 • 9 = _____
Quersumme 36

629634 • 9 = _____
Quersumme 36

320117 • 4 = _____
Quersumme 29

277802 • 6 = _____
Quersumme 30

967574 • 4 = _____
Quersumme 35

230040 • 8 = _____
Quersumme 18

gestoppte Zeit

Für die ganze Seite habe ich ⊙ Zeit gebraucht.

Yvonne Kopf: Mathematik für hochbegabte Kinder · 4. Klasse · Best.-Nr. 649
© Brigg Pädagogik Verlag GmbH, Augsburg

# Rauminhalt/ Fassungsvermögen

**Aufgabe 1:** Untersuche verschiedene Behälter und vergleiche den Rauminhalt! Welche Maßeinheiten und Größen sind gängig? Warum ist das so?

**Aufgabe 2:** Warum werden verschiedene Produkte/Stoffe in verschiedenen Einheiten angegeben?

**Aufgabe 3:** Rechne um!

a) $\frac{1}{4}$ l = _____ ml

b) 1 l = _____ ml

c) $\frac{3}{4}$ l = _____ ml

d) $\frac{1}{2}$ l = _____ ml

e) 5 l = _____ ml

f) 12 l = _____ ml

**Aufgabe 4:** Wie viel wiegt 1 kg Steine? Wie viel wiegt 1 kg Federn?

**Aufgabe 5:** Was bedeutet das „spezifische Gewicht"? Recherchiere!

**Aufgabe 6:** Recherchiere das spezifische Gewicht der folgenden Stoffe! Untersuche auch weitere selbst gewählte Stoffe!

| Stoff | Rauminhalt | spezifisches Gewicht |
|-------|------------|----------------------|
| Luft | 1 Liter | |
| Wasser | 1 Liter | |
| Sand | 1 Liter | |
| Papier | 1 Liter | |
| Glas | 1 Liter | |
| Kies | 1 Liter | |
| Gold | 1 Liter | |
| Benzin | 1 Liter | |
| | 1 Liter | |
| | 1 Liter | |
| | 1 Liter | |
| | 1 Liter | |
| | 1 Liter | |
| | 1 Liter | |
| | 1 Liter | |
| | 1 Liter | |
| | 1 Liter | |

Yvonne Kopf: Mathematik für hochbegabte Kinder · 4. Klasse · Best.-Nr. 649
© Brigg Pädagogik Verlag GmbH, Augsburg

Name                                              Klasse          Datum

 # Sehr große Zahlen

**Aufgabe 1:** *Recherchiere die Namen sehr großer Zahlen!*

| Zahl | Name |
|---:|---|
| 1 000 000 | Million |
| 10 000 000 | |
| 100 000 000 | |
| 1 000 000 000 | |
| 10 000 000 000 | |
| 100 000 000 000 | |
| 1 000 000 000 000 | |
| 10 000 000 000 000 | |
| 100 000 000 000 000 | |
| 1 000 000 000 000 000 | |
| 10 000 000 000 000 000 | |
| 100 000 000 000 000 000 | |
| 1 000 000 000 000 000 000 | |
| 10 000 000 000 000 000 000 | |
| 100 000 000 000 000 000 000 | |
| 1 000 000 000 000 000 000 000 | |
| 10 000 000 000 000 000 000 000 | |
| 100 000 000 000 000 000 000 000 | |
| 1 000 000 000 000 000 000 000 000 | |
| 10 000 000 000 000 000 000 000 000 | |
| 100 000 000 000 000 000 000 000 000 | |
| 1 000 000 000 000 000 000 000 000 000 | |
| 10 000 000 000 000 000 000 000 000 000 | |
| 100 000 000 000 000 000 000 000 000 000 | |
| 1 000 000 000 000 000 000 000 000 000 000 | |
| 10 000 000 000 000 000 000 000 000 000 000 | |
| 100 000 000 000 000 000 000 000 000 000 000 | |
| 1 000 000 000 000 000 000 000 000 000 000 000 | |
| 10 000 000 000 000 000 000 000 000 000 000 000 | |
| 100 000 000 000 000 000 000 000 000 000 000 000 | |
| 1 000 000 000 000 000 000 000 000 000 000 000 000 | |

**Aufgabe 2:** *Wie heißt die größte bekannte Zahl?*

_____

**Aufgabe 3:** *Wie heißt deine Lieblingszahl?*

_____

Yvonne Kopf: Mathematik für hochbegabte Kinder · 4. Klasse · Best.-Nr. 649
© Brigg Pädagogik Verlag GmbH, Augsburg

# Geometrie –
# Winkel und Strecken

**Aufgabe 1:** *Wie viel Grad hat ein rechter Winkel? Wie sieht das Symbol dafür aus?*

---

**Aufgabe 2:** *Zeichne die rechten Winkel ein!*

a)

b)

c)

d)

**Aufgabe 3:** *Was ist eine Strecke? Recherchiere auch die Begriffe „parallel" und „senkrecht" und beschreibe sie! Wie können Strecken noch verlaufen?*

---

**Aufgabe 4:** *Miss genau! Welche Strecken verlaufen parallel zueinander? Kreuze an!*

a) ☐　　　　b) ☐　　　　c) ☐

d) ☐　　　　e) ☐　　　　f) ☐

**Aufgabe 5:** *Zeichne ein!*

a) eine parallele Strecke

b) eine senkrechte Strecke

c) eine schneidende Strecke

d) eine Strecke nach freier Wahl

Yvonne Kopf: Mathematik für hochbegabte Kinder · 4. Klasse · Best.-Nr. 649
© Brigg Pädagogik Verlag GmbH, Augsburg

Name

Klasse

Datum

 **Brückenrätsel**

*Aufgabe:* *Die Inseln (Kreise) müssen so mit Brücken verbunden werden, dass alle Zahlen stimmen. Die Zahlen sagen aus, wie viele Brücken von dort aus insgesamt weggehen. Es dürfen höchstens zwei in eine Richtung gelegt werden. Brücken werden außerdem nur gerade verlegt.*

3     5     4

2

2

2

3     5     5

1

2     2

2     2

Yvonne Kopf: Mathematik für hochbegabte Kinder · 4. Klasse · Best.-Nr. 649
© Brigg Pädagogik Verlag GmbH, Augsburg

# Textaufgaben

*Ein Käfer klettert jeden Tag an einem Baum hoch. Er krabbelt 77 cm hoch und rutscht dann 18 cm hinunter.*

**Aufgabe 1:** *Wie lange braucht er, bis er zum Astloch kommt, das 2,33 m über der Erde ist.*

Rechnung: _____

Antwort: _____

**Aufgabe 2:** *Der Baum ist 5,17 m hoch, wie lange braucht er, bis er oben ist?*

Rechnung: _____

Antwort: _____

**Aufgabe 3:** *Wie hoch müsste er pro Tag trotz des Abrutschens krabbeln, um in 3 Tagen ganz oben zu sein?*

Rechnung: _____

Antwort: _____

**Aufgabe 4:** *Wie schnell wäre er am Astloch, wenn er nicht abrutschen würde?*

Rechnung: _____

Antwort: _____

**Aufgabe 5:** *Wie lange bräuchte er, um auf den Eiffelturm zu kommen?*

Rechnung: _____

Antwort: _____

**Frage:** *Rutschen Käfer überhaupt ab? Was haben sie, damit dies nicht geschieht?*

_____

_____

Yvonne Kopf: Mathematik für hochbegabte Kinder · 4. Klasse · Best.-Nr. 649
© Brigg Pädagogik Verlag GmbH, Augsburg

Name       Klasse       Datum

# Schriftliche Division 1

*Aufgabe 1:* Rechne auf Zeit!

a)                  QS:21

1   4   1   1   6   8   :   4   =

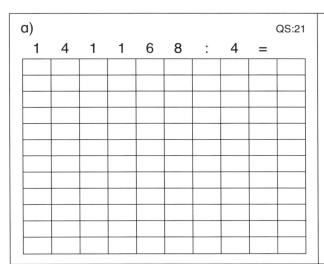

b)                  QS:23

2   1   3   6   6   4   :   8   =

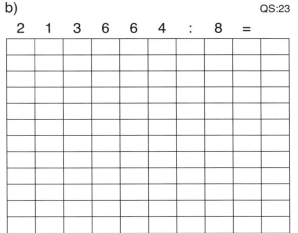

c)                  QS:36

7   6   4   8   8   3   :   9   =

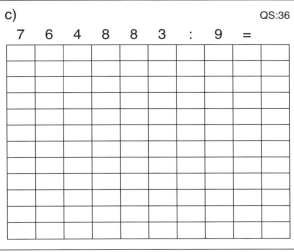

d)                  QS:31

2   6   3   3   8   2   :   6   =

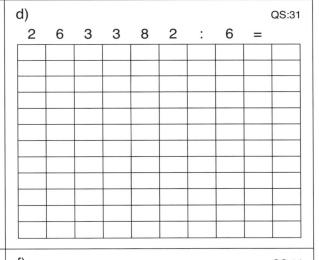

e)                  QS:26

3   8   0   6   7   0   :   3   =

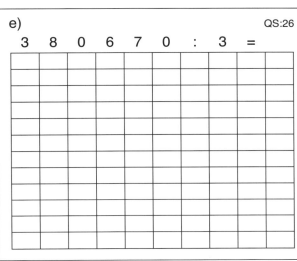

f)                  QS:14

4   8   3   5   2   0   :   8   =

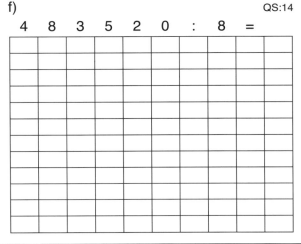

Yvonne Kopf: Mathematik für hochbegabte Kinder · 4. Klasse · Best.-Nr. 649
© Brigg Pädagogik Verlag GmbH, Augsburg

# Schriftliche Division 2

**Aufgabe 1:** *Rechne so schnell du kannst, stoppe die Zeit und kontrolliere dich selbst!*

500598 : 7 = _____
Quersumme 18

837645 : 3 = _____
Quersumme 26

357305 : 5 = _____
Quersumme 19

631668 : 6 = _____
Quersumme 23

753080 : 8 = _____
Quersumme 22

171759 : 7 = _____
Quersumme 21

608448 : 3 = _____
Quersumme 19

291717 : 9 = _____
Quersumme 13

330848 : 8 = _____
Quersumme 19

232776 : 9 = _____
Quersumme 25

712272 : 6 = _____
Quersumme 20

630188 • 4 = _____
Quersumme 29

854380 : 5 = _____
Quersumme 29

443079 : 9 = _____
Quersumme 19

357984 : 8 = _____
Quersumme 27

472520 : 5 = _____
Quersumme 22

232776 : 9 = _____
Quersumme 25

684952 : 8 = _____
Quersumme 29

211323 : 7 = _____
Quersumme 21

715368 : 8 = _____
Quersumme 24

273910 : 7 = _____
Quersumme 16

122808 : 3 = _____
Quersumme 22

106768 : 4 = _____
Quersumme 25

557720 : 8 = _____
Quersumme 28

gestoppte Zeit

Für die ganze Seite habe ich _____ Zeit gebraucht.

Yvonne Kopf: Mathematik für hochbegabte Kinder · 4. Klasse · Best.-Nr. 649
© Brigg Pädagogik Verlag GmbH, Augsburg

Name _____ Klasse _____ Datum _____

 # Schriftliche Division 3

**Aufgabe 1:** *Erfinde eigene Divisionsrechnungen, rechne aus und kontrolliere dich selbst!*

_____ : ____ = _____          _____ : ____ = _____
Quersumme ____                                 Quersumme ____

_____ : ____ = _____          _____ : ____ = _____
Quersumme ____                                 Quersumme ____

_____ : ____ = _____          _____ : ____ = _____
Quersumme ____                                 Quersumme ____

_____ : ____ = _____          _____ : ____ = _____
Quersumme ____                                 Quersumme ____

_____ : ____ = _____          _____ : ____ = _____
Quersumme ____                                 Quersumme ____

_____ : ____ = _____          _____ : ____ = _____
Quersumme ____                                 Quersumme ____

_____ : ____ = _____          _____ : ____ = _____
Quersumme ____                                 Quersumme ____

_____ : ____ = _____          _____ : ____ = _____
Quersumme ____                                 Quersumme ____

_____ : ____ = _____          _____ : ____ = _____
Quersumme ____                                 Quersumme ____

_____ : ____ = _____          _____ : ____ = _____
Quersumme ____                                 Quersumme ____

_____ : ____ = _____          _____ : ____ = _____
Quersumme ____                                 Quersumme ____

_____ : ____ = _____          _____ : ____ = _____
Quersumme ____                                 Quersumme ____

Yvonne Kopf: Mathematik für hochbegabte Kinder · 4. Klasse · Best.-Nr. 649
© Brigg Pädagogik Verlag GmbH, Augsburg

# Zahlenrätsel

**Aufgabe 1:** *Ich denke mir eine Zahl, dividiere durch 3, addiere 100 und erhalte 133.*

Meine gedachte Zahl ist: _____ (Quersumme 18)


**Aufgabe 2:** *Ich denke mir eine Zahl, subtrahiere 124, halbiere sie, addiere 52 und erhalte 200.*

Meine gedachte Zahl ist: _____ (Quersumme 6)


**Aufgabe 3:** *Ich denke mir eine Zahl, verdopple sie, dividiere durch 3, subtrahiere 44 und erhalte 36.*

Meine gedachte Zahl ist: _____ (Quersumme 3)


**Aufgabe 4:** *Ich denke mir eine Zahl, multipliziere mit 8, addiere 178, halbiere sie und erhalte 341.*

Meine gedachte Zahl ist: _____ (Quersumme 9)


**Erfinde selbst solche Aufgaben und stelle sie einem anderen Kind.**

**Aufgabe 1:** *Ich denke mir eine Zahl,* _____

_____

Meine gedachte Zahl ist: _____ (Quersumme ____)

**Aufgabe 2:** *Ich denke mir eine Zahl,* _____

_____

Meine gedachte Zahl ist: _____ (Quersumme ____)

**Aufgabe 3:** *Ich denke mir eine Zahl,* _____

_____

Meine gedachte Zahl ist: _____ (Quersumme ____)

**Aufgabe 4:** *Ich denke mir eine Zahl,* _____

_____

Meine gedachte Zahl ist: _____ (Quersumme ____)

Yvonne Kopf: Mathematik für hochbegabte Kinder · 4. Klasse · Best.-Nr. 649
© Brigg Pädagogik Verlag GmbH, Augsburg

Name                                    Klasse              Datum

 # Zeit 1

**Aufgabe 1:** *Wann beginnt und endet jeder Tag?*

_____

**Aufgabe 2:** *Ist das überall auf der Welt gleich? Recherchiere!*

_____

**Aufgabe 3:** *Wie viele Stunden, Minuten und Sekunden sind seit Beginn des Tages vergangen?*

a) 07:35:13 Uhr        Stunden: _____   Minuten: _____   Sekunden: _____

b) 00:12:00 Uhr        Stunden: _____   Minuten: _____   Sekunden: _____

c) 15:15:15 Uhr        Stunden: _____   Minuten: _____   Sekunden: _____

d) 23:59:59 Uhr        Stunden: _____   Minuten: _____   Sekunden: _____

**Aufgabe 4:** *Wie viele Stunden, Minuten und Sekunden vergehen noch bis zum Ende des Tages?*

a) 07:35:13 Uhr        Stunden: _____   Minuten: _____   Sekunden: _____

b) 00:12:00 Uhr        Stunden: _____   Minuten: _____   Sekunden: _____

c) 15:15:15 Uhr        Stunden: _____   Minuten: _____   Sekunden: _____

d) 23:59:59 Uhr        Stunden: _____   Minuten: _____   Sekunden: _____

**Aufgabe 5:** *Was ist das Besondere am Rechnen mit Tagen, Stunden, Minuten und Sekunden?*

_____

**Aufgabe 6:** *Warum hat die Einheit der Zeit solche Besonderheiten?*

_____

**Aufgabe 7:** *Kennst du noch andere Einheiten, bei denen das so ist?*

_____

Yvonne Kopf: Mathematik für hochbegabte Kinder · 4. Klasse · Best.-Nr. 649
© Brigg Pädagogik Verlag GmbH, Augsburg

**Zeit 2**

**Aufgabe 1:** *Wie viele Sekunden?*

a) 1 min 33 s = _____

b) 15 min 12 s = _____

c) $\frac{1}{2}$ min 5 s = _____

d) 22 min 22 s = _____

e) 28 min 59 s = _____

f) 100 min 100 s = _____

g) 1 h 1 min 1 s = _____

h) 1 Tag = _____

**Aufgabe 2:** *Wie viele Minuten?*

a) 3600 s = _____

b) 235 s = _____

c) $\frac{1}{2}$ h 49 s = _____

d) 4 h 44 s = _____

e) $\frac{1}{4}$ h 12 min 11 s = _____

f) 100 h 100 min = _____

g) 30 s = _____

h) 1 Tag = _____

Aufgabe 3: *Wie viele Stunden?*

a) 5 Tage 2 h = _____

b) 2400 s = _____

c) $\frac{1}{2}$ Tag 100 min = _____

d) $\frac{3}{4}$ Tag = _____

e) 8 Tage 20 min = _____

f) 555 min = _____

g) 1 Woche = _____

h) 1 Jahr = _____

Für die ganze Seite habe ich    Zeit gebraucht.

Das sind pro Aufgabe _____ Sekunden, _____ Minuten oder _____ Stunden.

Yvonne Kopf: Mathematik für hochbegabte Kinder · 4. Klasse · Best.-Nr. 649
© Brigg Pädagogik Verlag GmbH, Augsburg

**Zeit 3**

**Aufgabe 1:** *Wie gut ist dein Zeitgefühl?*
*Stelle dich hin und setze dich nach 1 min. Lass jemanden die Zeit stoppen, ob du richtig lagst. Wiederhole es dann und versuche, dich exakt nach 1 min zu setzen.*

**Aufgabe 2:** *Versuche mit eigenen Worten zu beschreiben, was „Zeit" eigentlich ist!*

_____

_____

**Aufgabe 3:** *Erkundige dich, welche Zeiteinheit im Weltraum verwendet wird. Vergleiche mit der Einheit auf der Erde! Wieso wird nicht die gleiche Einheit verwendet?*

_____

_____

_____

**Aufgabe 4:** *Erkundige dich, welche berühmten Wissenschaftler sich Gedanken über die Zeit gemacht haben und beschreibe eine Idee eines Wissenschaftlers genauer!*

_____

_____

_____

**Aufgabe 5:** *Wenn du die Zeit als Bild darstellen wolltest, wie würde dies aussehen? Male es hier hinein!*

# Die etwas andere Rechenseite

***Aufgabe 1:*** *Lies genau und rechne aus!*

a) neuntausendsiebenhundertzwölfminusachthundertdreiundzwanzig

_____

b) einemillionsiebenhundertdreiundsiebzigtausendneunhundertzehnminusdrei

_____

c) zweiundzwanzigtausendfünfhundertdreizehnplusviertausendelf

_____

d) zwölfmillionendividiertdurchsechsmillionen

_____

e) neunundneunzigmalvier

_____

f) dreimillionendreiunddreißigtausenddividiertdurchdrei

_____

g) vierhundertvierundvierzigtausendvierhundertvierundvierzigminuszweitausend

_____

h) achtmillionenfünfhundertdreiundsiebzigtausendminusneunundneunzig

_____

i) fünfundzwanzigmultipliziertmitdreizehn

_____

j) neunmillionenneunhundertneunundneunzigtausendpluselftausendeinhundert

_____

k) sechsundsechzigtausendfünfhundertzwölfminusdreiunddreißigtausendneunzehn

_____

l) einemillioneinhundertelftausendplusdreimillionenachthundertsiebzehn

_____

Yvonne Kopf: Mathematik für hochbegabte Kinder · 4. Klasse · Best.-Nr. 649
© Brigg Pädagogik Verlag GmbH, Augsburg

# Arbeiten mit dem Zirkel 1

**Aufgabe 1:** *Informiere dich, wie die Teile des Zirkels heißen!*

_____

_____

**Aufgabe 2:** *Informiere dich, was „Durchmesser" und „Radius" bedeutet!*

_____

_____

**Aufgabe 3:** *Zeichne Kreise mit dem Zirkel!*

a) Durchmesser 3 cm

b) Durchmesser 5 cm

c) Durchmesser 4,2 cm

d) Durchmesser 6,8 cm

Yvonne Kopf: Mathematik für hochbegabte Kinder · 4. Klasse · Best.-Nr. 649
© Brigg Pädagogik Verlag GmbH, Augsburg

# Arbeiten mit dem Zirkel 2

*Aufgabe 1:* Zeichne kleinere Kreise in einen Kreis mit einem Durchmesser von 8 cm!
Der Durchmesser soll immer um 1 cm abnehmen.

*Aufgabe 2:* Zeichne verschiedene Muster mit deinem Zirkel!

a)

b)

c)

d)

Yvonne Kopf: Mathematik für hochbegabte Kinder · 4. Klasse · Best.-Nr. 649
© Brigg Pädagogik Verlag GmbH, Augsburg

Name | Klasse | Datum

 # Optische Täuschungen 1

**Aufgabe 1:** *Was geschieht, wenn du den schwarzen Punkt längere Zeit fixierst?*

**Aufgabe 2:** *Gibt es hier wirklich schwarze und weiße Punkte zwischen den Linien?*

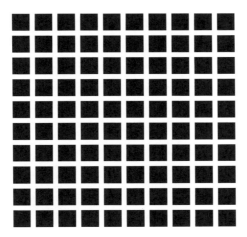

**Aufgabe 3:** *Welche Strecke ist länger? A-B oder B-C?*

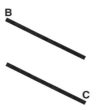

**Aufgabe 4:** *Informiere dich, wie optische Täuschungen entstehen! Wieso reagiert das Auge bzw. das Gehirn so?*

Yvonne Kopf: Mathematik für hochbegabte Kinder · 4. Klasse · Best.-Nr. 649
© Brigg Pädagogik Verlag GmbH, Augsburg

# Optische Täuschungen 2

**Aufgabe 1:** *Sind hier tatsächlich Kreise zwischen den Strichen?*

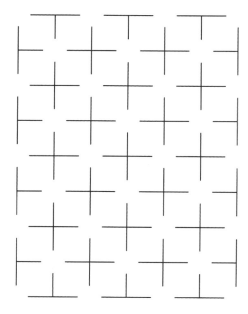

**Aufgabe 2:** *Was siehst du?*

a)

b)

**Aufgabe 3:** *Sind die Balken gleich lang?*

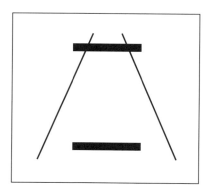

Yvonne Kopf: Mathematik für hochbegabte Kinder · 4. Klasse · Best.-Nr. 649
© Brigg Pädagogik Verlag GmbH, Augsburg

# Teilbarkeit von Zahlen

**Aufgabe 1:** *Welche der Zahlen sind teilbar ohne Rest? Verbinde mit Linien!*

| teilbar durch 2 | teilbar durch 5 | teilbar durch 10 | teilbar durch 100 |

158475 – 44 – 298 – 54700 – 34780 – 31000 – 5555555 – 776 – 1000000 – 65432 – 100

**Aufgabe 2:** *Welche Regeln für die Teilbarkeit findest du?*

a) Eine Zahl ist durch 2 teilbar, wenn _____

b) Eine Zahl ist durch 5 teilbar, wenn _____

c) Eine Zahl ist durch 10 teilbar, wenn _____

d) Eine Zahl ist durch 100 teilbar, wenn _____

**Aufgabe 3:** *Welche Regeln für die Teilbarkeit durch 3, 6 und 9 findest du? Probiere aus und fülle die Lücken!*

a)  5427 : 3 = _____        2328 : 3 = _____

Eine Zahl ist durch 3 teilbar, wenn ihre _____ durch 3 teilbar ist.

b)  8256 : 6 = _____        24 : 6 = _____

Eine Zahl ist durch 6 teilbar, wenn sie durch _____ und durch _____ teilbar ist.

c)  84 672 : 9 = _____        54171 : 9 = _____

Eine Zahl ist genau dann durch 9 teilbar, wenn ihre _____ durch 9 teilbar ist.

Yvonne Kopf: Mathematik für hochbegabte Kinder · 4. Klasse · Best.-Nr. 649
© Brigg Pädagogik Verlag GmbH, Augsburg

# Lange Zeiträume

**Aufgabe 1:** *Wie viele Wochen vergehen …?*

a) 50 Tage: _____

b) 77 Tage: _____

c) 90 Tage: _____

d) 365 Tage: _____

e) 9 Monate: _____

f) 22 Monate: _____

g) 1 Jahr: _____

h) 5 Jahre: _____

**Aufgabe 2:** *Wie viele Monate vergehen …?*

a) 12 Jahre: _____

b) 5 Jahre: _____

c) 100 Jahre: _____

d) 1500 Jahre: _____

e) $\frac{3}{4}$ Jahr: _____

f) 22 Monate: _____

g) $\frac{1}{2}$ Jahr: _____

h) 10000 Jahre: _____

**Aufgabe 3:** *Wie viele Jahre vergehen …?*

a) 24 Monate: _____

b) 63 Monate: _____

c) 120 Monate: _____

d) 1000 Monate: _____

e) 55 Monate: _____

f) 99 Monate: _____

g) 6 Monate: _____

h) 9 Monate: _____

**Aufgabe 4:** *Recherchiere: Wie viel Zeit würde vergehen …?*

auf der Reise zum Mond: _____

auf der Reise zum Mars: _____

auf der Reise zum Pluto: _____

Yvonne Kopf: Mathematik für hochbegabte Kinder · 4. Klasse · Best.-Nr. 649
© Brigg Pädagogik Verlag GmbH, Augsburg

# Zeit – Tätigkeiten

**Aufgabe 1:** *Trage in die Tabelle ein, was du mit deiner Zeit machst.*

|  | Schule | Essen | Hausauf-gaben | Spielen | TV/PC | Sonstiges | Schlafen |  |
|---|---|---|---|---|---|---|---|---|
| **Montag** |  |  |  |  |  |  |  | **24 h** |
| **Dienstag** |  |  |  |  |  |  |  | **24 h** |
| **Mittwoch** |  |  |  |  |  |  |  | **24 h** |
| **Donnerstag** |  |  |  |  |  |  |  | **24h** |
| **Freitag** |  |  |  |  |  |  |  | **24 h** |
| **Samstag** |  |  |  |  |  |  |  | **24 h** |
| **Sonntag** |  |  |  |  |  |  |  | **24 h** |
| **insgesamt** |  |  |  |  |  |  |  |  |
| **Prozent** |  |  |  |  |  |  |  |  |

**Aufgabe 2:** *Zeichne die Anteile des Tages in den Kreis ein!*

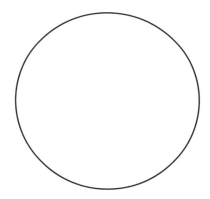

**Aufgabe 3:** *Was machen deine Eltern mit ihrer Zeit? Fülle die Tabelle aus!*

|  |  |  |  |  |  |  | Schlafen |  |
|---|---|---|---|---|---|---|---|---|
| **Montag** |  |  |  |  |  |  |  | **24 h** |
| **Dienstag** |  |  |  |  |  |  |  | **24 h** |
| **Mittwoch** |  |  |  |  |  |  |  | **24 h** |
| **Donnerstag** |  |  |  |  |  |  |  | **24h** |
| **Freitag** |  |  |  |  |  |  |  | **24 h** |
| **Samstag** |  |  |  |  |  |  |  | **24 h** |
| **Sonntag** |  |  |  |  |  |  |  | **24 h** |
| **insgesamt** |  |  |  |  |  |  |  |  |
| **Prozent** |  |  |  |  |  |  |  |  |

Yvonne Kopf: Mathematik für hochbegabte Kinder · 4. Klasse · Best.-Nr. 649
© Brigg Pädagogik Verlag GmbH, Augsburg

# Rechnen mit Größen 1

**Aufgabe 1:** *Rechne um und rechne auf Zeit!*

a) $700 \text{ kg} + 3 \text{ t} + 154 \text{ g}$    = _____

b) $598 \text{ cm} + 24781 \text{ m} + 1 \text{ km}$    = _____

c) $948 \text{ €} - 147 \text{ ct} - 2 \text{ €}$    = _____

d) $5 \text{ t} - 847 \text{ kg} - 647 \text{ g}$    = _____

e) $548 \text{ l} \cdot 5$    = _____

f) $4875 \text{ ml} \cdot 3$    = _____

g $58745 \text{ mm} : 5$    = _____

h) $845712 \text{ €} : 9$    = _____

gestoppte Zeit

**Aufgabe 2:** *Rechne um, schreibe mit Komma und rechne auf Zeit!*

a $3,50 \text{ €} + 300 \text{ ct} + 0,50 \text{ €}$    = _____

b) $1,5 \text{ km} + 750 \text{ m} + 0,1 \text{ km}$    = _____

c) $7\text{t} - 5,5 \text{ kg} - 2000 \text{ kg}$    = _____

d) $400 \text{ l} - 0,5 \text{ l} - 500\text{m l}$    = _____

e) $3,75 \text{ l} \cdot 3$    = _____

f) $9,5 \text{ m} \cdot 5$    = _____

g) $\frac{1}{2} \text{ l} : 5$    = _____

h) $0,80 \text{ €} : 40$    = _____

gestoppte Zeit

**Aufgabe 3:** *Wie viele Sekunden, Minuten, Stunden und Tage vergehen noch bis zu deinem nächsten Geburtstag? Wie viele sind seit deinem letzten Geburtstag vergangen?*

_____

_____

_____

Yvonne Kopf: Mathematik für hochbegabte Kinder · 4. Klasse · Best.-Nr. 649
© Brigg Pädagogik Verlag GmbH, Augsburg

# Diagramme lesen

**Aufgabe 1:** *Betrachte das Diagramm und kreuze die richtige Antwort bezogen auf das Diagramm an!*

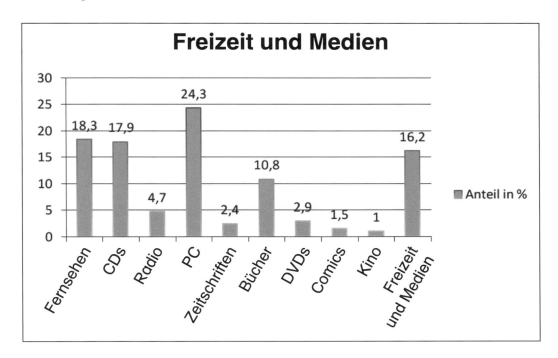

a) Es verwenden mehr Kinder den PC als Comics zu lesen.

☐ richtig      ☐ falsch      ☐ nicht enthalten

b) Die meisten Kinder unternehmen am liebsten etwas mit ihren Eltern.

☐ richtig      ☐ falsch      ☐ nicht enthalten

c) Neben dem PC spielt der Fernseher die wichtigste Rolle für Kinder.

☐ richtig      ☐ falsch      ☐ nicht enthalten

d) Es besitzen mehr Kinder ein Handy als einen PC.

☐ richtig      ☐ falsch      ☐ nicht enthalten

e) Am liebsten lesen die Kinder.

☐ richtig      ☐ falsch      ☐ nicht enthalten

f) Kinder lesen lieber Bücher als Comics und Zeitschriften.

☐ richtig      ☐ falsch      ☐ nicht enthalten

Yvonne Kopf: Mathematik für hochbegabte Kinder · 4. Klasse · Best.-Nr. 649
© Brigg Pädagogik Verlag GmbH, Augsburg

# Textaufgaben

**Aufgabe 1:** *Familie Herold möchte sich ein Auto kaufen. Es wird eine Ratenzahlung angeboten: 12 • 1254 €. Der Barpreis beträgt 15000 €.*

Frage: Welche Zahlungsart ist die günstigere?

Rechnung: _____

Antwort: _____

Zusatzfrage: Wieso wählen manche Menschen trotzdem die andere Methode?

_____

**Aufgabe 2:** *Informiere dich über den $CO_2$-Ausstoß von Autos und dessen Folgen!*

_____

_____

_____

**Aufgabe 3:** *Das neue Auto der Familie Herold hat einen $CO_2$-Ausstoß von 161 g pro Kilometer. Sie fahren im Jahr 9500 km.*

Frage a): Wie viel $CO_2$ könnte die Familie einsparen, wenn sie auf das Auto verzichtet und mit dem Fahrrad fährt?

Rechnung: _____

Antwort: _____

Frage b): Wie viel $CO_2$ könnte die Familie einsparen, wenn sie das Auto ab und zu stehen lässt und nur noch 5000 km im Jahr fährt?

Rechnung: _____

Antwort: _____

Frage c): Welche weiteren Vorteile hat es, öfter mal mit dem Fahrrad zu fahren?

_____

_____

Yvonne Kopf: Mathematik für hochbegabte Kinder · 4. Klasse · Best.-Nr. 649
© Brigg Pädagogik Verlag GmbH, Augsburg

# Geometrie –
# Flächeninhalt und Umfang

**Aufgabe 1:** *Wie berechnet man den Flächeninhalt und Umfang von Rechtecken?*

*Beispiel Figur A:*
- *Umfang 14 Kästchen*
- *Flächeninhalt 12 Kästchen*

Den Umfang berechnet man, indem man     _____

Den Flächeninhalt berechnet man, indem man     _____

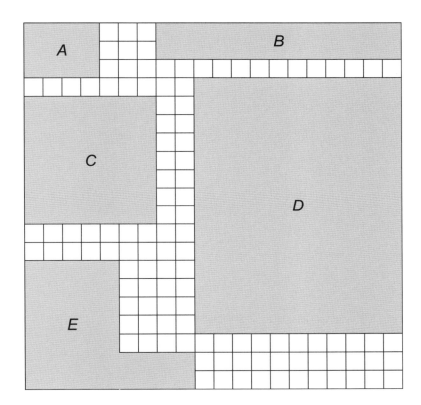

Figur B:
- Umfang   _____ Kästchen
- Flächeninhalt  _____ Kästchen

Figur C:
- Umfang   _____ Kästchen
- Flächeninhalt  _____ Kästchen

Figur D:
- Umfang   _____ Kästchen
- Flächeninhalt  _____ Kästchen

Figur E:
- Umfang   _____ Kästchen
- Flächeninhalt  _____ Kästchen

Zeichne eine eigene Figur und berechne den Umfang und den Flächeninhalt!

Yvonne Kopf: Mathematik für hochbegabte Kinder · 4. Klasse · Best.-Nr. 649
© Brigg Pädagogik Verlag GmbH, Augsburg

Name | Klasse | Datum

# Schriftliche Multiplikation
## mit witzigen Zahlen

***Aufgabe 1:*** *Rechne so schnell du kannst, stoppe die Zeit und kontrolliere dich selbst!*

| | |
|---|---|
| 33333 • 33 = | 5555 • 555 = |
| Quersumme 45 | Quersumme 21 |
| 99999 • 9 = | 22222 • 22 = |
| Quersumme 45 | Quersumme 40 |
| 12345 • 11 = | 98754321 • 2 = |
| Quersumme 30 | Quersumme 42 |
| 101010 • 4 = | 42424 • 42 = |
| Quersumme 12 | Quersumme 33 |
| 884422 • 11 = | 963 • 36 = |
| Quersumme 38 | Quersumme 27 |
| 636363 • 3 = | 77777 • 7 = |
| Quersumme 36 | Quersumme 29 |

gestoppte Zeit

Für die ganze Seite habe ich ⏱ Zeit gebraucht.

Yvonne Kopf: Mathematik für hochbegabte Kinder · 4. Klasse · Best.-Nr. 649
© Brigg Pädagogik Verlag GmbH, Augsburg

# Maßstab

**Aufgabe 1:** *Stelle die Maße deines Zimmers fest! Dann zeichne es im Maßstab1:100 hier auf! Zeichne auch dein Bett, deinen Schreibtisch und deinen Schrank.*

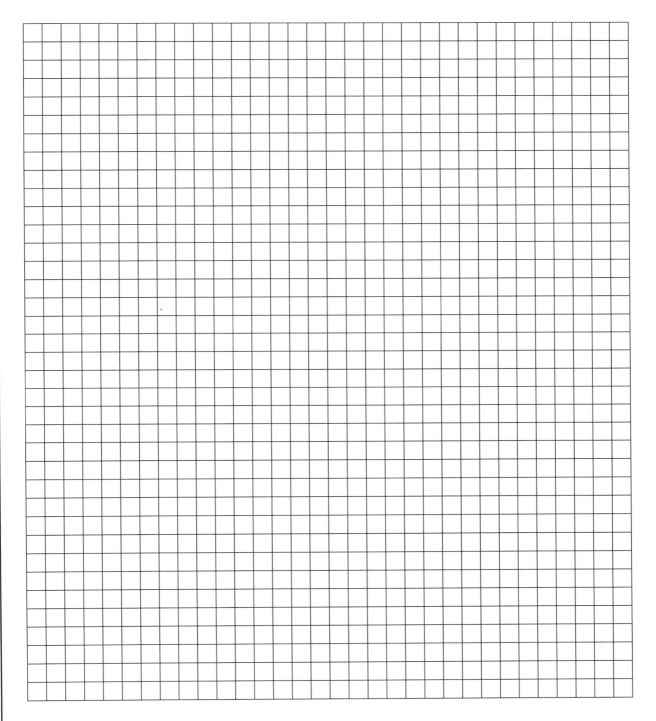

**Aufgabe 2:** *Stelle mit deinen Klassenkameraden auch die Maße eures Klassenzimmers fest und zeichnet das Zimmer im Maßstab 1:100 auf! Zeichnet auch die Tisch und Stühle!*

# Geometrie – Symmetrie

**Aufgabe 1:** *Recherchiere die Begriffe „Achsensymmetrie" und „Drehsymmetrie" und schreibe die Definition in deinen eigenen Worten auf!*

_____

_____

_____

**Aufgabe 2:** *Welche Großbuchstaben des Alphabets sind achsensymmetrisch und welche drehsymmetrisch?*

achsensymmetrisch sind: _____

drehsymmetrisch sind: _____

**Aufgabe 3:** *Finde in deiner Umgebung 10 Figuren, die achsensymmetrisch oder drehsymmetrisch sind!*

| achsensymmetrisch | drehsymmetrisch |
|---|---|
|  |  |
|  |  |
|  |  |
|  |  |
|  |  |
|  |  |
|  |  |
|  |  |
|  |  |
|  |  |

**Aufgabe 4:** *Zeichne hier einige Figuren, die achsensymmetrisch, drehsymmetrisch, beides oder weder noch sind und beschrifte die Kästchen!*

Yvonne Kopf: Mathematik für hochbegabte Kinder · 4. Klasse · Best.-Nr. 649
© Brigg Pädagogik Verlag GmbH, Augsburg

# Kopfrechnen

**60**

| −45 → [6] | •14 → [3] | + 49 → [16] | : 7 → [10] |
|---|---|---|---|
| −8 → [11] | •15 → [12] | + 102 → [15] | : 3 → [17] |
| −40 → [13] | •7 → [19] | + 14 → [24] | : 3 → [14] |
| −20 → [12] | •3 → [18] | + 68 → [23] | : 5 → [19] |

**39**

| •6 → [9] | −2 → [7] | : 8 → [11] | + 71 → [1] |
|---|---|---|---|
| •9 → [9] | −48 → [15] | : 4 → [6] | + 90 → [6] |
| •2 → [12] | −16 → [14] | : 5 → [10] | + 140 → [15] |
| •3 → [18] | −3 → [15] | : 3 → [14] | + 142 → [21] |

**34**

| −27 → [7] | •7 → [13] | + 51 → [1] | : 4 → [7] |
|---|---|---|---|
| −4 → [3] | •2 → [6] | + 104 → [11] | : 2 → [10] |
| −6 → [13] | •7 → [19] | + 59 → [15] | : 12 → [8] |
| −28 → [7] | •8 → [11] | + 140 → [16] | : 2 → [8] |

**48**

| •6 → [18] | −42 → [12] | : 6 → [5] | + 84 → [8] |
|---|---|---|---|
| •8 → [1] | −37 → [18] | : 3 → [6] | + 96 → [12] |
| •2 → [15] | −33 → [9] | : 9 → [17] | + 128 → [10] |
| •4 → [22] | −34 → [15] | : 6 → [13] | + 109 → [14] |

**30**

| −4 → [8] | •4 → [5] | + 56 → [7] | : 8 → [2] |
|---|---|---|---|
| −18 → [2] | •12 → [6] | + 76 → [1] | : 5 → [2] |
| −12 → [8] | •14 → [4] | + 108 → [4] | : 10 → [4] |
| −6 → [7] | •9 → [9] | + 24 → [15] | : 4 → [6] |

Yvonne Kopf: Mathematik für hochbegabte Kinder · 4. Klasse · Best.-Nr. 649
© Brigg Pädagogik Verlag GmbH, Augsburg

# Sudokus
# für Zwischendurch 1

Das Ziel ist es, jedes der 81 Felder mit einer Ziffer zu füllen. In jeder Spalte, in jeder Zeile und in jedem der kleinen 3 x 3-Unterquadrate darf jede Ziffer nur einmal vorkommen.

| 4 |   |   |   | 3 |   |   |   |   |
|---|---|---|---|---|---|---|---|---|
| 9 |   |   |   |   |   | 5 |   | 8 |
| 5 | 6 |   |   | 7 |   | 9 | 1 |   |
|   |   |   |   |   | 6 | 3 |   |   |
|   |   | 9 |   | 4 |   |   |   | 2 |
| 6 | 7 |   |   | 9 |   |   |   |   |
|   |   |   |   |   | 2 |   | 5 |   |
| 3 |   | 1 | 7 |   |   |   | 6 |   |
|   | 5 |   |   | 1 |   |   |   |   |

| | | | | | | 8 | 3 | 6 | | |
|---|---|---|---|---|---|---|---|---|
|   | 7 |   | 2 |   |   | 8 |   |   |
|   | 5 | 9 |   |   |   |   |   | 7 |
|   | 4 |   |   | 5 |   |   | 6 |   |
|   |   |   |   |   |   | 5 | 1 |   |
| 2 |   |   |   | 3 |   |   |   |   |
|   | 2 |   | 5 |   |   | 4 |   |   |
|   | 8 | 3 |   | 1 |   |   |   |   |
|   | 4 |   |   | 9 |   | 8 |   |   |

Yvonne Kopf: Mathematik für hochbegabte Kinder · 4. Klasse · Best.-Nr. 649
© Brigg Pädagogik Verlag GmbH, Augsburg

# Sudokus
# für Zwischendurch 2

Das Ziel ist es, jedes der 81 Felder mit einer Ziffer zu füllen. In jeder Spalte, in jeder Zeile und in jedem der kleinen 3 x 3-Unterquadrate darf jede Ziffer nur einmal vorkommen.

|   | 7 |   |   | 6 |   | 9 | 5 |   |
|---|---|---|---|---|---|---|---|---|
| 5 |   |   | 2 |   |   |   |   | 3 |
|   | 6 |   | 1 |   | 8 |   |   |   |
| 4 | 8 |   |   | 1 |   |   |   | 7 |
| 3 |   |   |   |   | 5 | 2 |   |   |
|   |   |   | 9 |   |   |   |   |   |
| 1 |   |   |   |   |   |   |   | 4 |
|   |   |   |   | 6 | 7 |   |   |   |
|   |   | 5 |   |   |   |   | 6 | 9 |

|   | 7 |   | 5 |   |   | 6 |   |   |
|---|---|---|---|---|---|---|---|---|
|   |   | 3 |   |   |   |   | 1 |   |
|   |   |   | 2 |   |   |   |   |   |
|   |   |   | 1 | 3 |   | 9 |   |   |
|   | 5 |   |   |   |   |   |   |   |
|   |   |   | 9 |   |   |   |   |   |
|   |   | 8 |   |   | 4 |   | 7 |   |
| 2 |   |   |   |   |   |   |   | 5 |
| 1 |   |   |   |   |   |   |   |   |

Yvonne Kopf: Mathematik für hochbegabte Kinder · 4. Klasse · Best.-Nr. 649
© Brigg Pädagogik Verlag GmbH, Augsburg

Name | Klasse | Datum

# Projekt 1:
# Albert Einstein

Informiere dich über das Leben Albert Einsteins, welche Stationen waren besonders wichtig?

_____

_____

Versuche sein Abiturzeugnis zu finden. Was fällt dir auf (Du wirst dich wundern ...)?

_____

_____

Welche berühmte Formel hat er entdeckt? Wie heißt sie und was sagt sie aus?

_____

_____

Albert Einstein bekam 1921 den Nobelpreis. Informiere dich, was der Nobelpreis ist, seit wann es ihn gibt und in welchen Disziplinen er verliehen wird!

_____

_____

_____

_____

Albert Einstein wird nachgesagt, er habe etwas mit der Entwicklung der Atombombe zu tun gehabt. Informiere dich genau!

_____

_____

_____

_____

Was interessiert dich noch an Albert Einstein? Recherchiere und schreibe es hier auf!

_____

_____

_____

Yvonne Kopf: Mathematik für hochbegabte Kinder · 4. Klasse · Best.-Nr. 649
© Brigg Pädagogik Verlag GmbH, Augsburg

# Projekt 2:
# Römische Zahlen

Recherchiere die Geschichte der römischen Zahlen. Seit wann gibt es sie und wie sind sie entstanden?

_____

_____

_____

_____

_____

Was ist eigentlich mit der Null bei römischen Zahlen?

_____

_____

Trage die römischen Zahlen in die Tabelle ein!

| 1 | 5 | 10 | 50 | 100 | 500 | 1000 |
|---|---|----|----|-----|-----|------|
|   |   |    |    |     |     |      |

Welches Jahr haben wir in römischen Zahlen?

_____

Schreibe dein Geburtsdatum in römischen Zahlen auf!

_____

Gestalte für deine Klassenkameraden eine Seite mit römischen Rechnungen!

Recherchiere, welche anderen Zahlen es neben arabischen und römischen noch gibt!

_____

_____

Yvonne Kopf: Mathematik für hochbegabte Kinder · 4. Klasse · Best.-Nr. 649
© Brigg Pädagogik Verlag GmbH, Augsburg

# Projekt 3: Zukunftsprojekt

Beschreibe, wie die Menschen in 500 Jahren vielleicht leben werden!

_____

_____

_____

_____

_____

Welche Erfindungen werden noch gemacht werden?

_____

_____

Was ist mit deiner persönlichen Zukunft? Wie stellst du sie dir vor?

_____

_____

_____

Blicke ganz weit in die Zukunft! Was wird nach Erkenntnissen von Astrophysikern mit der Sonne geschehen?

_____

_____

_____

Was wird mit dem Weltall passieren? Recherchiere, welche Theorie es dazu gibt!

_____

_____

_____

Yvonne Kopf: Mathematik für hochbegabte Kinder · 4. Klasse · Best.-Nr. 649
© Brigg Pädagogik Verlag GmbH, Augsburg

Name                                 Klasse         Datum

 # Projektideen

Diese Themen sollen vom Kind selbstständig erarbeitet werden. Den Schwerpunkt legt das Kind nach Interesse selbst fest.

- Thema: Weltall
- Thema: Computer
- Thema: Dampfmaschine
- Thema: Fahrrad
- Thema: Schall
- Thema: Wetter
- Thema: Fernsehen
- Thema: Gesunde Ernährung
- Thema: Olympische Spiele
- Thema: Zeit
- Thema: Wasser
- Thema: Alternative Energien
- Thema: Menschheitsgeschichte
- Thema: Geheimschriften
- Thema: Metalle
- Thema: Außerirdisches Leben
- Thema: Optische Täuschungen
- Thema: Erfindungen
- Thema: Familie
- Thema: Feuer
- Thema: Giftpflanzen
- Thema: Straßenbau
- Thema: Flugzeuge
- Thema: Buchdruck
- Thema: Dinosaurier
- Thema: Steinzeit
- Thema: Radio
- Thema: Globalisierung
- Thema: Umweltschutz
- Thema: Bundesländer
- Thema: Erde
- Thema: Bäume
- Thema: Kinderrechte
- Thema: Klebstoffe
- Thema: Mittelalter
- Thema: Gehirn
- Thema: Mineralien
- Thema: Gold
- Thema: Licht
- Thema: Frösche
- Thema: Tiefsee
- Thema: Aggregatzustände
- Thema: Elektrizität
- Thema: Bionik
- Thema: Gravitation

# Lösungen

## Seite 5:

**Aufgabe 1:** c) ca. 82.310.000 (31. Dezember 2006)   d) über 700 Millionen
e) China: ca. 1,3 Milliarden/Russland: ca. 670.000
China ist das am dichtesten besiedelte und Russland das größte Land der Erde.

**Aufgabe 3:** Haus (250.000,00 €) Fahrrad (300,00 €) Neuwagen (25.000,00 €) Buch (15,00 €)
Schokoladentafel (1,00 €)

## Seite 6:

**Aufgabe 1:** 5 742 681, 8 765 432, 18 707 007, 40 057 809, 57 150 110, 486 398 875,
909 090 909, 999 999 999

**Aufgabe 2:**

|     | HM | ZM | M | HT | ZT | T | H | Z | E |
|-----|----|----|----|----|----|----|----|----|----|
| a)  | 2  | 5  | 5 | 9  | 1  | 1 | 0 | 2 | 8 |
| b)  |    | 9  | 1 | 7  | 0  | 0 | 9 | 9 | 9 |
| c)  |    | 7  | 7 | 7  | 0  | 0 | 0 | 7 | 7 |
| d)  |    |    | 2 | 0  | 2  | 2 | 1 | 0 | 3 |

**Aufgabe 3:**
8954, 8549, 8594, 8945, 8495, 8459
9854, 9845, 9584, 9548, 9485, 9458
5489, 5498, 5984, 5948, 5849, 5894
4958, 4985, 4859, 4895, 4598, 4589

## Seite 7:

**Aufgabe 1:**

| Vorgänger | Zahl | Nachfolger |
|-----------|------|------------|
| 3874 | 3875 | 3876 |
| 62019872 | 62019873 | 62019874 |
| 8765133 | 8765134 | 8765135 |
| 999998 | 999999 | 1000000 |
| 5757575 | 5757576 | 5757577 |
| 1234565 | 1234566 | 1234567 |
| 10101009 | 10101010 | 10101011 |
| 987654319 | 987654320 | 987654321 |
| 111110 | 111111 | 111112 |
| 999999 | 1000000 | 1000001 |
| 4321232 | 4321233 | 4321234 |
| 99999999 | 100000000 | 100000001 |

**Aufgabe 2:** 7645<8654<45632<45633<323232<333332<9877521
**Aufgabe 3:** 99821>98921>77544>76533>43543>42543>11989>11898>10989>10898

## Aufgabe 4:

a)
| 9872360 | 9872364 | 9872370 |
|---------|---------|----------|
| 9872300 | 9872364 | 9872400 |
| 9872000 | 9872364 | 9873000 |
| 9870000 | 9872364 | 9880000 |
| 9800000 | 9872364 | 9900000 |
| 9000000 | 9872364 | 10000000 |

b)
| 1234560 | 1234567 | 1234570 |
|---------|---------|----------|
| 1234500 | 1234567 | 1234600 |
| 1234000 | 1234567 | 1235000 |
| 1230000 | 1234567 | 1240000 |
| 1200000 | 1234567 | 1300000 |
| 1000000 | 1234567 | 2000000 |

c)
| 9876540 | 9876543 | 9876550 |
|---------|---------|----------|
| 9876500 | 9876543 | 9876600 |
| 9876000 | 9876543 | 9877000 |
| 9870000 | 9876543 | 9880000 |
| 9800000 | 9876543 | 9900000 |
| 9000000 | 9876543 | 10000000 |

d)
| 2222220 | 2222222 | 2222230 |
|---------|---------|----------|
| 2222200 | 2222222 | 2222300 |
| 2222000 | 2222222 | 2223000 |
| 2220000 | 2222222 | 2230000 |
| 2200000 | 2222222 | 2300000 |
| 2000000 | 2222222 | 3000000 |

e)
| 4987620 | 4987621 | 4987630 |
|---------|---------|----------|
| 4987600 | 4987621 | 4987700 |
| 4987000 | 4987621 | 4988000 |
| 4980000 | 4987621 | 4990000 |
| 4900000 | 4987621 | 5000000 |
| 4000000 | 4987621 | 5000000 |

f)
| 7777770 | 7777777 | 7777780 |
|---------|---------|----------|
| 7777700 | 7777777 | 7777800 |
| 7777000 | 7777777 | 7778000 |
| 7770000 | 7777777 | 7780000 |
| 7700000 | 7777777 | 7800000 |
| 7000000 | 7777777 | 8000000 |

## Seite 8:

**Aufgabe 1:** a) F: Wie viele Pflanzen pflanzt er ein?
Skizze: P-30-P-30-P-30-P-30-P-30-P-30-P-30-P-30-P-30-P-30-P-30-P-30-P
R: 360 cm: 30 cm = 13     A: Herr Kübel pflanzt 13 Pflanzen ein.
b) F: Wie viele Stücke entstehen?
Skizze: 15-15-15-15-15-15-15-15-15-15-15-15-15-15-15-15
R: 360 cm: Es entstehen 16 x 15 cm-Stücke.

**Knobelaufgaben:** 1) MDMDFSS (Montag, Dienstag, Mittwoch...)
2) Ein „D" (Monate in einem Kalender)
3) Kuchen in zwei Hälften, dann halbieren (man hat 4 Viertel), dann einmal horizontal durchschneiden.

## Seite 10:

**Aufgabe 1:**

| Körper | Kanten | Ecken | Flächen |
|--------|--------|-------|---------|
| Würfel | 12 | 8 | 6 |
| Quader | 12 | 8 | 6 |
| vierseitige Pyramide | 8 | 5 | 5 |
| dreiseitige Pyramide | 6 | 4 | 4 |
| Kugel | 0 | 0 | 1 |
| Zylinder | 2 | 0 | 3 |
| Prisma | 9 | 6 | 5 |
| Ellipsoid | 0 | 0 | 1 |
| Ovoid | 0 | 0 | 1 |

**Aufgabe 2:** der Würfel (11)
**Aufgabe 3:** mögliche Lösungen

a) ⊞   b) ⊟   c) ◺   d) ⊠   e) ◫

## Seite 11:

a) F: Wie lange war Sabine im Schwimmbad? R: 2 • 12 min = 24 min ; 3 h 7 min = 187 min;
187 min − 24 min = 163 min; 163 min = 2 h 43 min

b) F: Nach wie viel Monaten kann Paul sich die Inlineskates kaufen. Sie kosten 84 €.
R: 3 € • 4 = 12 € ; 12 • 7 = 84 €

c) F: Wie hoch wird der Turm aus 164 Steinen? R: 24,60 m = 2460 cm; 2460 cm : 15 cm = 164

d) F: Wie viele Seiten liest Jonas jeden Tag, wenn er das Buch nach 259 Tagen fertig gelesen hat?
R: 1 295 : 5 = 259

## Seite 12

**Aufgabe 1 + 2:** Die Zahlenfolgen heißen Fibonacci-Folgen und sind nach dem italienischen Kaufmann Leonardo von Pisa (auch Fibonacci genannt) benannt.
Die Regel lautet: 1. Zahl + 2. Zahl = 3. Zahl; 2. Zahl + 3. Zahl = 4. Zahl usw.

**Aufgabe 3:** a) □ = 12   △ = 7       b) □ = 15   △ = 3

## Seite 16

**Aufgabe 1:** Feste Stoffe werden in mg, g, kg, t angegeben. Flüssige Stoffe werden in ml, l angegeben. Gängige Einheiten sind z.B. 100 g, 250 g, 500 g, 1 kg und 100 ml, 500 ml, 1 l. Damit kann man z.B. besser kochen, man muss nicht alles genau abwiegen oder messen.

**Aufgabe 2:** 1 l Wasser entspricht 1 kg. Auch andere Flüssigkeiten haben annähernd das gleiche spezifische Gewicht. Feste Stoffe sind jedoch sehr unterschiedlich und haben verschiedene spezifische Gewichte. Sie werden in mg, g, kg, und t angegeben. Außerdem braucht man von manchen Stoffen viel größere Mengen als von anderen. Z. B. werden beim Backen nur sehr geringe Mengen von Backpulver benötigt.

**Aufgabe 3:** a) 250 ml    b) 1 000 ml    c) 750 ml    d) 500 ml    e) 500 ml    f) 12 000 ml

**Aufgabe 4:** Beides wiegt 1 kg.

**Aufgabe 5:** Das „spezifische Gewicht" gibt an, wie viel 1 l eines Stoffes wiegt.

**Seite 17**

*Aufgabe 1:*

| Zahl | Name |
|---:|:---|
| 1 000 000 | Million |
| 10 000 000 | zehn Millionen |
| 100 000 000 | hundert Millionen |
| 1 000 000 000 | eine Milliarde |
| 10 000 000 000 | zehn Milliarden |
| 100 000 000 000 | hundert Milliarden |
| 1 000 000 000 000 | eine Billion |
| 10 000 000 000 000 | zehn Billionen |
| 100 000 000 000 000 | hundert Billionen |
| 1 000 000 000 000 000 | eine Billiarde |
| 10 000 000 000 000 000 | zehn Billiarden |
| 100 000 000 000 000 000 | hundert Billiarden |
| 1 000 000 000 000 000 000 | eine Trillion |
| 10 000 000 000 000 000 000 | zehn Trillionen |
| 100 000 000 000 000 000 000 | hundert Trillionen |
| 1 000 000 000 000 000 000 000 | eine Trilliarde |
| 10 000 000 000 000 000 000 000 | zehn Trilliarden |
| 100 000 000 000 000 000 000 000 | hundert Trilliarden |
| 1 000 000 000 000 000 000 000 000 | eine Quadrillion |
| 10 000 000 000 000 000 000 000 000 | zehn Quadrillionen |
| 100 000 000 000 000 000 000 000 000 | hundert Quadrillionen |
| 1 000 000 000 000 000 000 000 000 000 | eine Quadrilliarde |
| 10 000 000 000 000 000 000 000 000 000 | zehn Quadrilliarden |
| 100 000 000 000 000 000 000 000 000 000 | hundert Quadrilliarden |
| 1 000 000 000 000 000 000 000 000 000 000 | eine Quintillion |
| 10 000 000 000 000 000 000 000 000 000 000 | zehn Quintillionen |
| 100 000 000 000 000 000 000 000 000 000 000 | hundert Quintillionen |
| 1 000 000 000 000 000 000 000 000 000 000 000 | eine Quintilliarde |
| 10 000 000 000 000 000 000 000 000 000 000 000 | zehn Quintilliarden |
| 100 000 000 000 000 000 000 000 000 000 000 000 | hundert Quintilliarden |
| 1 000 000 000 000 000 000 000 000 000 000 000 000 | eine Sextillion |

*Aufgabe 2:* ein Googolplexian

**Seite 18**

*Aufgabe 1:* 90 Grad, ⌐

*Aufgabe 3:* Eine Strecke ist eine aus Punkten bestehende gerade Linie, die von zwei Punkten begrenzt wird.    parallel = alle Punkte der Strecke liegen gleich weit voneinander entfernt; senkrecht = 2 Linien schneiden sich im rechten Winkel

*Aufgabe 4:* parallel verlaufen b) d) und e)

**Seite 19**

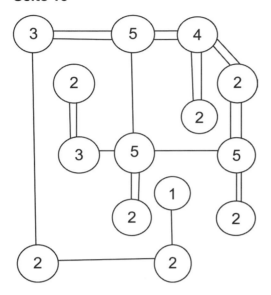

**Seite 20**

Er krabbelt mit dem Abrutschen 59 cm täglich.
*Aufgabe 1:* 233 cm : 59 cm = 3,9  Er braucht 4 Tage.
*Aufgabe 2:* 517 cm : 59 cm = 8,7  Er braucht 9 Tage.
*Aufgabe 3:* 517 cm − 18 cm − 18 cm − 18 cm = 463 cm          463 cm : 3 = 154,3 cm
            Er müsste 155 cm am Tag hochkrabbeln.
*Aufgabe 4:* 233 cm : 77 cm = 3,02  Er wäre nach 4 Tagen am Astloch.
*Aufgabe 5:* Der Eiffelturm ist 324 m hoch. 32400 cm : 59 cm = 549,15. Er bräuchte 550 Tage oder
            1 Jahr und 185 Tage.
*Antwort auf die Zusatzfrage:* Damit Käfer nicht abrutschen haben sie Beine, die mit Krallen verse-
                                hen sind. Das müsste auch auf Metall (Eiffelturm) gehen.

**Seite 25**

*Aufgabe 1:* 1:00:00:00 Uhr
*Aufgabe 2:* Im Prinzip ja, aber Tagesanfang und -ende finden nicht immer zur gleichen Zeit statt, da
            es unterschiedliche Zeitzonen gibt.
*Aufgabe 3:* a) Stunden: 7,  Minuten: 35,  Sekunden: 13  b) Stunden: 0,  Minuten: 12,  Sekunden: 0
            c) Stunden: 15,  Minuten: 15,  Sekunden: 15 d) Stunden: 23,  Minuten: 59, Sekunden: 59
*Aufgabe 4:* a) Stunden: 16, Minuten: 24, Sekunden: 47  b) Stunden: 23,  Minuten: 48, Sekunden: 48
            c) Stunden: 8, Minuten: 44, Sekunden: 45     d) Stunden: 0, Minuten: 0, Sekunden: 1
*Aufgabe 5:* Man rechnet bis 60 und nicht bis 100, dann kommt die nächst größere Einheit. Außerdem
            sind 24 h ein Tag. 60 sec = 1 min/60 min = 1 h und 24 h = 1 Tag
*Aufgabe 6:* Das hat mit Tag/Nacht auf der Erde zu tun, bzw. mit der Rotationsgeschwindigkeit der
            Erde.

**Seite 26**

*Aufgabe 1:* a) 93 s  b) 912 s  c) 35 s  d) 1 342 s  e) 1 739 s  f) 6 100 s  g) 3 661 s  h) 86 400 s
*Aufgabe 2:* a) 60 min  b) 3 min 55 s  c) 30 min 49 s  d) 240 min 44 s  e) 27 min 11s
            f) 6100 min  g) $\frac{1}{2}$ min  h) 1440 min

*Aufgabe 3:* a) 122 h  b) $\frac{1}{2}$ h 10 min  c) 13 h 40 min  d) 18 h  e) 192 h 20 min  f) 9 h 5 min
g) 168 h  h) 8760 h


## Seite 27

Lichtjahr = 9,46 Billionen km; So viel Platz haben wir nicht auf der Erde.


## Seite 28

*Aufgabe 1:* a) 8 889  b) 1 773 907  c) 26 524  d) 2  e) 396  f) 1 011 000  g) 442 444
h) 8 572 901  i) 325  j) 10 010 100  k) 33 493  l) 4 111 817


## Seite 31

*Aufgabe 1:* Der graue Rand verschwindet.
*Aufgabe 2:* Nein, das Auge spielt sie uns nur vor.
*Aufgabe 3:* Sie sind gleich lang.


## Seite 32

*Aufgabe 1:* Nein, das Auge spielt sie uns nur vor.
*Aufgabe 2:* a) zwei Gesichter oder eine Kerze  b) eine Frau oder einen Saxophonspieler
*Aufgabe 3:* Ja. Die schrägen Linien spielen uns nur etwas anderes vor.


## Seite 33

*Aufgabe 2:* a) Eine Zahl ist durch 2 teilbar, wenn die letzte Ziffer durch 2 teilbar ist.
b) Eine Zahl ist durch 5 teilbar, wenn die letzte Ziffer durch 5 teilbar ist.
c) Eine Zahl ist durch 10 teilbar, wenn die letzte Ziffer eine 0 ist.
d) Eine Zahl ist durch 100 teilbar, wenn die letzten beiden Ziffern 0 sind.
*Aufgabe 3:* a) Eine Zahl ist durch 3 teilbar, wenn ihre Quersumme durch 3 teilbar ist.
b) Eine Zahl ist durch 6 teilbar, wenn sie durch 2 und durch 3 teilbar ist.
c) Eine Zahl ist genau dann durch 9 teilbar, wenn ihre Quersumme durch 9 teilbar ist.


## Seite 34

*Aufgabe 1:* a) 7  b) 11  c) 12  d) 52  e) 36  f) 88  g) 52  h) 260
*Aufgabe 2:* a) 144  b) 60  c) 1 200  d) 18 000  e) 9  f) 22  g) 6  h) 120 000
*Aufgabe 3:* a) 2  b) 5  c) 10  d) 83  e) 4  f) 8  g) $\frac{1}{2}$  h) $\frac{3}{4}$
*Aufgabe 4:* auf der Reise zum Mond: ca. 3 Tage/ auf der Reise zum Mars: ca. 250 Tage / auf der
Reise zum Pluto: ca. 10 Jahre


## Seite 36

*Aufgabe 1:* a) 3 700 154 g  b) 2 578 698 cm  c) 94 453 ct  d) 4 152 353 g  e) 2 740 l  f) 14 625 ml
g) 1 749 mm  h) 93 968 €
*Aufgabe 2:* a) 4,30 €  b) 2,35 km  c) 4994,5 kg  d) 399 l  e) 11,25 l  f) 47,5 m g) 0,1 l  h) 0,02 €


## Seite 37

*Aufgabe 1:* a) richtig  b) nicht enthalten  c) richtig  d) nicht enthalten  e) falsch  f) richtig

**Seite 38**

*Aufgabe 1:* Der Barpreis ist um 48 € günstiger. Manche Menschen vereinbaren dennoch eine Raten-zahlung, wenn sie das Geld nicht auf einmal haben.

*Aufgabe 2:* Kohlenstoffdioxid ist ein farb- und geruchloses Gas und hat negative Auswirkungen auf das Klima der Erde.

*Aufgabe 3:* Sie könnten 1 529 500 g $CO_2$ einsparen. Bei 5000 gefahrenen Kilometern würden sie 724 500 g $CO_2$ einsparen. Beim Radfahren bewegt man sich, deshalb ist Radfahren gesünder.

**Seite 39**

Den Umfang berechnet man, indem man die Seitenlängen addiert. Den Flächeninhalt berechnet man, indem man die 2 aufeinanderstoßenden Seiten miteinander multipliziert.

Figur B: Umfang 30 Kästchen – Flächeninhalt 26 Kästchen
Figur C: Umfang 28 Kästchen – Flächeninhalt 49 Kästchen
Figur D: Umfang 50 Kästchen – Flächeninhalt 154 Kästchen
Figur E: Umfang 32 Kästchen – Flächeninhalt 43 Kästchen

**Seite 42**

achsensymmetrisch sind:      A, B, C, D, E, H, I, H, I, M, O, T, U, V, W, X, Y
drehsymmetrisch sind:      H, I, N, O, S, X, Z

**Seite 44**

| 4 | 1 | 8 | 9 | 3 | 5 | 7 | 2 | 6 |
|---|---|---|---|---|---|---|---|---|
| 9 | 2 | 7 | 4 | 6 | 1 | 5 | 3 | 8 |
| 5 | 6 | 3 | 2 | 7 | 8 | 9 | 1 | 4 |
| 8 | 4 | 5 | 1 | 2 | 6 | 3 | 9 | 7 |
| 1 | 3 | 9 | 5 | 4 | 7 | 6 | 8 | 2 |
| 6 | 7 | 2 | 8 | 9 | 3 | 1 | 4 | 5 |
| 7 | 9 | 6 | 3 | 8 | 2 | 4 | 5 | 1 |
| 3 | 8 | 1 | 7 | 5 | 4 | 2 | 6 | 9 |
| 2 | 5 | 4 | 6 | 1 | 9 | 8 | 7 | 3 |

| 4 | 1 | 2 | 7 | 8 | 3 | 6 | 5 | 9 |
|---|---|---|---|---|---|---|---|---|
| 6 | 7 | 3 | 2 | 9 | 5 | 8 | 4 | 1 |
| 8 | 5 | 9 | 4 | 1 | 6 | 2 | 3 | 7 |
| 9 | 4 | 1 | 8 | 5 | 7 | 3 | 6 | 2 |
| 3 | 8 | 7 | 9 | 6 | 2 | 5 | 1 | 4 |
| 2 | 6 | 5 | 1 | 3 | 4 | 9 | 7 | 8 |
| 1 | 2 | 6 | 5 | 7 | 8 | 4 | 9 | 3 |
| 5 | 9 | 8 | 3 | 4 | 1 | 7 | 2 | 6 |
| 7 | 3 | 4 | 6 | 2 | 9 | 1 | 8 | 5 |

**Seite 45**

| 2 | 7 | 8 | 4 | 6 | 3 | 9 | 5 | 1 |
|---|---|---|---|---|---|---|---|---|
| 5 | 4 | 1 | 2 | 7 | 9 | 6 | 8 | 3 |
| 9 | 6 | 3 | 1 | 5 | 8 | 4 | 7 | 2 |
| 4 | 8 | 2 | 6 | 1 | 5 | 3 | 9 | 7 |
| 3 | 1 | 9 | 7 | 8 | 4 | 5 | 2 | 6 |
| 6 | 5 | 7 | 3 | 9 | 2 | 1 | 4 | 8 |
| 1 | 9 | 6 | 5 | 2 | 7 | 8 | 3 | 4 |
| 8 | 2 | 4 | 9 | 3 | 6 | 7 | 1 | 5 |
| 7 | 3 | 5 | 8 | 4 | 1 | 2 | 6 | 9 |

| 9 | 7 | 1 | 5 | 3 | 8 | 6 | 4 | 2 |
|---|---|---|---|---|---|---|---|---|
| 5 | 2 | 3 | 9 | 4 | 6 | 7 | 1 | 8 |
| 8 | 6 | 4 | 1 | 2 | 7 | 9 | 5 | 3 |
| 7 | 8 | 2 | 4 | 1 | 3 | 5 | 9 | 6 |
| 4 | 5 | 9 | 6 | 8 | 2 | 3 | 7 | 1 |
| 3 | 1 | 6 | 7 | 5 | 9 | 2 | 8 | 4 |
| 6 | 3 | 5 | 8 | 9 | 1 | 4 | 2 | 7 |
| 2 | 9 | 8 | 3 | 7 | 4 | 1 | 6 | 5 |
| 1 | 4 | 7 | 2 | 6 | 5 | 8 | 3 | 9 |

# Literaturtipps

- **Alvarez, Christiane:** Hochbegabung – Tipps für den Umgang mit fast normalen Kindern, dtv 2007

- **Webb, James T., Meckstroth, Elizabeth A., Tolan, Stephanie S. :** Hochbegabte Kinder – ihre Eltern, ihre Lehrer; ein Ratgeber, Huber Verlag, Bern 2008

- **Horsch, Herbert, Müller, Götz, Spicher, Hermann-Josef:** Hoch begabt – und trotzdem glücklich: Was Eltern, Kindergarten und Schule tun können, damit die klügsten Kinder nicht die Dummen sind, Oberstebrink Verlag/Eltern-Bibliothek, Düsseldorf 2006

- **Fitzner, Thilo, Stark, Werner:** Genial, gestört, gelangweilt? – ADHS, Schule und Hochbegabung, Beltz Verlag 2005

- **Fortenbacher, Astrid:** Hochbegabung bei Vor- und Grundschulkindern – Verhaltensmerkmale, Risiken, Förderung, Vdm Verlag Dr. Müller 2006

- **Götting, Gesine:** Keine Angst vor Hochbegabung: Erkennen – fördern – begleiten, Knaur Verlag 2006

- **Mähler, Bettina, Hofmann, Gerlinde, Pitter, Klaus:** Ist mein Kind hochbegabt? – Besondere Fähigkeiten erkennen, akzeptieren und fördern, Rowohlt Verlag 2005

- **Mönks, Franz J., Ypenburg, Irene H.:** Unser Kind ist hochbegabt: Ein Leitfaden für Eltern und Lehrer, Reinhardt Verlag, München 2005

- **Deutsche Gesellschaft f. Hochbegabte e.V:** Im Labyrinth – Hochbegabte Kinder in Schule und Gesellschaft, Lit Verlag 2001

# Surftipps

- Deutsche Gesellschaft für das hochbegabte Kind e.V.: http://www.dghk.de

- Netzwerk Hochbegabung: http://www.logios.de/

- Genius Hochbegabung: http://www.genius-hochbegabung.de/

- Hochbegabungslinks: http://www.hochbegabungs-links.de